기본 생활 습관
이 정도는 문제없어

기본 생활 습관
이 정도는 문제없어

초판 1쇄 인쇄 2024년 4월 5일
초판 1쇄 발행 2024년 4월 10일

글 김도연·김현서
그림 김영진
펴낸이 구모니카
디자인 양선애
마케팅 신진섭
펴낸곳 M&K
등록 제7-292호 2005년 1월 13일
주소 경기도 고양시 일산서구 고양대로 255번길 45, 903동 1503호(대화동, 대화마을)
전화 02-323-4610
팩스 0303-3130-4610
E-mail sjs4948@hanmail.net

ISBN 979-11-91527-83-4 73190

※ 값은 뒤표지에 있습니다. 잘못된 책은 바꾸어 드립니다.

작가의 말

학교생활 첫걸음, 기본만 잘해도 만점!

드디어 초등학생이 된다고요? 축하해요! 초등학교에 입학하는 것은 정말 특별한 순간이에요. 저는 초등학교 입학식 날이 아직도 생생하답니다. 초등학생이 되었다는 설렘에 '두근두근' 심장이 뛰었어요. 하지만 한편으로는 걱정이 되기도 했어요. '학교에 가면 어떤 일이 생길까?', '우리 담임 선생님은 어떤 분이실까?', '친구들을 잘 사귈 수 있을까?', '자기소개를 하라고 하면 어떻게 해야 하지?' 많은 걱정과 고민이 머릿속을 떠나지 않았죠. 여러분도 저처럼 설레기도 하지만 걱정되기도 한다고요?

  이 책은 여러분이 낯선 학교생활에 잘 적응할 수 있도록 도와주는 친절한 안내서와 같아요. 학교생활에 대하여 여러분이 궁금해하는 질문들을 모두 모아 두었지요. 학교에서 어떤 규칙을 지켜야 하는지, 친구들과는 어떻게 사귀어야 하는지, 어떤 일들을 스스로 해야 하는지 친절하게 알려 주고 있답니다.

초등학생이 되면 지켜야 하는 기본적인 생활 습관을 알려 주고 있으니, 우선 책을 처음부터 끝까지 읽어 보세요. 기본만 잘 지켜도 만점 학생이 될 수 있어요. 언제든 궁금한 점이 생기면 다시 책을 펼쳐 보세요. 때로는 친구처럼, 때로는 선생님처럼, 때로는 부모님처럼 여러분이 학교생활에 잘 적응하도록 도와줄 거예요.

이 책은 등교 첫날 여러분이 잠자리에서 일어나 학교에 갈 준비를 하는 것부터 시작해요. 씻고, 옷을 입고, 책가방을 메고 학교에 가는 길, 학교에서 만나는 여러 선생님들, 수업 시간에 배우는 과목, 수업이 끝나 집에 돌아와서 하는 일 등등 여러분의 하루 생활을 시간 순서대로 따라가요. 그러는 과정에서 여러분이 학교 안팎에서 마주하는 문제 상황들을 어떻게 해결할지 알려 주고 있어요.

때로는 고민이 되는 일을 만날 수도 있고, 실수를 할 수도 있고, 서툴러서 자신감이 떨어질 수도 있어요. 그런데 이건 당연한 일이에요. 절대 움츠리거나 속상해하지 마세요. 실수도 하고, 부족한 부분도 발견하겠지만 하나씩하나씩 문제를 해결하고 건강한 생활 습관을 잘 유지한다면 학교생활에도 잘 적응하고 내년에는 더 멋진 여러분이 되어 있을 거예요.

김도연·김현서

차례

작가의 말 • 4

두근두근! 학교 갈 준비를 해요

아침에 일어나면 잠자리부터 정리해요 • 12
스스로 깨끗이 씻어요 • 14
오늘은 어떤 옷을 입을까요? • 16
책가방은 미리미리 챙겨요 • 18
학교에 지각하지 않아요 • 20
안전하게 횡단보도를 건너요 • 22
길을 잃으면 어떻게 할까요? • 24
지금은 몇 시일까요? • 26

룰루랄라! 즐거운 학교생활을 해요

학교에 어떤 선생님들이 계실까요? • 30
선생님께 바르게 인사해요 • 32
교실에서 지켜야 하는 약속이 있어요 • 34
수업 시간에 화장실에 가고 싶어요 • 36
쉬는 시간에는 무엇을 할까요? • 38
내 자리를 깨끗이 정리해요 • 40
급식실에서도 약속을 지켜요 • 42
도서관에서 책을 빌려요 • 44
몸이 아프면 보건실에 가요 • 46
안전하게 대피해요 • 48

반짝반짝! 수업 시간에 집중해요

수업 시간에는 무엇을 배울까요? • 52
자기소개를 잘할 수 있어요 • 54
바른 자세로 앉아서 공부해요 • 56
글씨를 바르게 써요 • 58
발표하는 것도 문제없어요 • 60
궁금한 것은 손을 들고 질문해요 • 62
학용품을 올바르게 사용해요 • 64

튼튼호호! 친구들과 사이좋게 지내요

친구에게는 어떻게 부탁할까요? • 68
무리한 부탁을 거절하고 싶을 때 • 70
미안한 마음을 전해요 • 72
친구에게 양보할 수 있어요 • 74
괴롭히는 친구가 있을 때 • 76
친구들과 안전하게 놀아요 • 78
나와 다르지만 존중할 줄 알아요 • 80

뚝딱뚝딱! 집에 와서도 혼자 잘해요

집에 도착하면 무엇을 할까요? • 84
일기는 어떻게 쓸까요? • 86
내 방 청소를 스스로 해요 • 88
일찍 잠자리에 들어요 • 90

으쓱으쓱! 더 멋진 사람이 될래요

예의 바르게 행동해요 • 94
집안일을 도와요 • 96
혼자 간식을 챙겨 먹어요 • 98
화장실 휴지를 갈아 끼워요 • 100
고마운 마음을 표현해요 • 102
운동을 해서 건강해질 거예요 • 104
깨끗한 지구를 위해 노력해요 • 106

두근두근!
학교 갈 준비를 해요

아침에 일어나면 잠자리부터 정리해요

오늘은 초등학교 입학식 날이에요.
학교 갈 생각에 눈이 반짝 떠졌어요.
벌써부터 마음이 콩닥콩닥해요!
엄마, 아빠가 깨우지 않아도
아침에 혼자 일어나는 건 기본이겠죠?
"나도 이제 초등학생이니까
혼자서도 학교 갈 준비를 할 수 있어."

아침에 일어나면 가장 먼저 무엇을 해야 할까요?
지금까지는 엄마, 아빠가 잠자리를 정리해 주었죠?
이제는 혼자서 잠자리를 정리해 봐요.
어젯밤 잘 때는 반듯하게 놓여 있던 베개가 발밑에 있어요.
이불은 돌돌 말려 있고요.
먼저 잠자리에서 나와서 베개를 원래 자리로 가져다 놓아요.
이불은 어떻게 할까요?
침대에서 잠을 잔다면 침대 위에 평평하게 펼쳐 두세요.
바닥에서 잠을 잔다면 이불도 개고 요도 개어야 해요.
종이 접기를 하듯 두세 번 접어 개요.

스스로 깨끗이 씻어요

"아이고, 고양이 세수만 하고 나왔구나."
세수를 하고 나오니 아빠가 나를 보고 말해요.
"고양이 세수가 뭐예요?"
"고양이처럼 대충 물만 묻히는 게 고양이 세수지.
비누칠도 하고 꼼꼼하게 닦아야 해!"

우리 눈에는 보이지 않지만,
어디에나 병을 옮기는 세균이 있어요.
건강한 몸을 위해서는 깨끗하게 씻는 게 중요해요.
스스로 깨끗이 씻는 법을 알아보아요.

세수는 이렇게 해요

1. 따뜻한 물로 서너 번 정도 얼굴을 씻어요.
2. 비누로 거품을 내서 얼굴을 구석구석 문질러요.
3. 물로 깨끗하게 헹궈요.
4. 수건으로 얼굴을 닦아요.
5. 건조하지 않게 로션을 발라요.

양치는 이렇게 해요

1. 칫솔 위에 완두콩만큼 치약을 짜요.
2. 작게 동글동글 동그라미를 그리면서 왼쪽 어금니부터 앞니까지 천천히 칫솔질한 뒤, 오른쪽 어금니부터 다시 앞니까지 칫솔질해요. 이 안쪽도 똑같이 왼쪽, 오른쪽 어금니부터 앞니까지 닦아 주세요. 씹는 면도 쓱싹쓱싹 닦아요.
3. 칫솔로 혀도 닦아요. 안쪽에서 바깥으로 쓱쓱 쓸어내려요.
4. 물로 입안을 깨끗이 헹궈요.

머리는 이렇게 감아요

1. 따뜻한 물을 틀어 머리카락 사이사이에 물을 충분히 묻혀요.
2. 손에 샴푸를 짠 후 머리카락에 거품이 나도록 문질러요. 손가락을 구부려서 머릿속까지 깨끗이 문질러요.
3. 거품이 안 남도록 깨끗이 헹궈요.

오늘은 어떤 옷을 입을까요?

오늘은 내가 좋아하는 반팔을 입을 거예요.
색깔도 예쁘고 옷에 있는 캐릭터도 마음에 들어요.
하지만 창문을 열자 찬바람이 쌩쌩 불어요.
"아, 추워!"
이런 날은 어떤 옷을 입어야 할까요?

특별히 좋아하는 옷을 입으면 기분까지 좋지만,
계절에 맞는 옷을 입는 것이 중요해요.
계절마다 어떤 옷을 입어야 하는지 볼까요?

 **봄에 입는 옷**
봄은 날씨가 따뜻해요. 가볍고 얇은 긴팔과 긴바지를 입고 양말도 신어야 해요. 하지만 낮에는 덥고 밤에는 쌀쌀하니까 얇은 겉옷을 가방에 넣고 다니다 쌀쌀할 때 입으면 좋아요.

 **여름에 입는 옷**
여름은 날씨가 더워요. 얇고 시원한 반팔과 반바지를 입는 것이 좋아요. 모자를 써서 햇볕으로부터 피부를 보호해야 하죠. 비가 많이 오는 날에는 비옷과 장화를 신어야 해요.

 **가을에 입는 옷**
가을도 봄처럼 긴팔과 긴바지를 입고 양말도 신어야 해요. 하지만 봄보다는 기온이 낮고 찬바람이 불기 때문에 더 두툼한 옷이 필요해요. 겉옷으로 점퍼나 가디건을 입어야 덜덜 떨지 않아요.

 **겨울에 입는 옷**
두꺼운 상의와 하의를 입고 따뜻한 패딩 외투도 챙겨 입어야 해요. 매우 추운 날에는 모자와 귀마개를 써요. 장갑을 끼고 목도리를 두르면 훨씬 따뜻해요. 신발도 부츠를 신어야 발이 시리지 않지요.

책가방은 미리미리 챙겨요

"어? 지우개가 어디 갔지?"
분명히 어젯밤에 필통 속에 있었는데
지우개에 발이 달렸을까요?
필통 속이 답답해서 밤사이 탈출을 했을까요?
아무리 찾아도 보이지 않아요.
지우개를 찾다가 학교에 늦을 수도 있어요.
"그러니까 자기 전에 미리미리 빠진 게 없나 챙겨야지."
엄마한테 야단을 맞았어요.

책가방은 빠진 게 없는지 꼭 자기 전에
미리미리 확인해 둬야 해요.
아침에 허겁지겁 숙제와 준비물을 챙긴 적이 있나요?
급하게 챙기면 반드시 빠뜨리는 게 있어요.
어디 있는지 찾느라 늦을 수도 있어요.
그래서 잠들기 전에 알림장을 확인하고
숙제와 준비물을 미리 챙겨야 해요.
아침에 책가방을 메고 바로 집을 나설 수 있도록요.

학교에 지각하지 않아요

오늘도 늦잠을 잤어요.
어제 밤늦게까지 놀다 보니 아침에 눈이 안 떠졌어요.
허겁지겁 책가방을 챙기고 학교까지 뛰어가야 해요.
친구들이 나를 보고 또 지각했다고 놀릴지도 몰라요.
학교에 늦지 않으려면 어떻게 해야 할까요?

일찍 잠들기

게임을 하거나 텔레비전을 보느라 늦게 잠든 적이 있나요? 그 순간은 즐거워도 다음 날 아침에는 일어나기 힘들어요. 정해진 시간에는 잠자리에 들어야 해요. 더 놀고 싶은 마음이 있더라도 내일을 위해서는 잠을 자야 해요. 불을 끄고 누워 눈을 감고 있으면 어느새 잠이 솔솔 올 거예요.

일찍 일어나는 습관 가지기

정해진 시간에 일찍 일어나는 약속을 지켜 봐요. 처음에는 힘들어도 하루, 이틀, 사흘, 일찍 일어나기 위해 노력하다 보면 나중에는 습관이 되어 저절로 눈이 떠질 거예요. 일찍 일어나면 여유롭게 학교에 갈 준비를 할 수 있어요.

왜 등교 시간을 지켜야 할까요?
공부할 준비를 미리 해야 하기 때문이죠.
또 지각을 하면 수업을 듣고 있는 친구들에게 피해가 돼요.
그래서 시간에 맞춰 등교하는 습관이 중요해요.

안전하게 횡단보도를 건너요

학교 가는 길에는 횡단보도를 하나 건너야 해요.
횡단보도에 도착하자마자 초록불이 되었어요.
"초록불이다!"
얼른 뛰어가려는데 자동차 한 대가 아주 빠르게 지나갔어요.
"빠앙!"
너무 깜짝 놀라 심장이 두근두근 뛰었어요.
안전하게 횡단보도를 건너려면 어떻게 해야 하나요?

❶ **신호등 색깔 확인하기**

횡단보도에서는 멈춰 서서 신호등의 색깔을 먼저 봐야 해요.
빨간불은 '건너지 마세요.',
초록불은 '건너가도 괜찮아요.'라는 뜻이에요.

❷ **자동차가 오는지 확인하기**

자동차가 오는지 왼쪽, 오른쪽 모두 확인해야 해요.
초록불이 켜지면 왼쪽, 오른쪽을 모두 살피며 차가 멈춰 있는지 확인해요.
차가 멈춰 있다면 건너가도 좋아요.

❸ **횡단보도는 오른쪽으로 붙어 건너기**

횡단보도 오른쪽에 그려진 화살표는 오른쪽으로 건너가라는 안전 표시예요.
손을 들고 오른쪽으로 건너가세요.

이것도 꼭 지켜 주세요.

❶ 횡단보도를 건널 때는 휴대 전화를 보지 않아요.
❷ 신호등의 초록불이 깜빡일 때는 급하게 건너지 않고
다음 신호를 기다려요.

길을 잃으면 어떻게 할까요?

학교에 혼자 가는 날도 있겠죠?
혼자 충분히 갈 수 있다고 생각했는데
딴생각을 하다 그만 길을 잃어버렸어요.
'여기가 어디지? 길을 잃어버렸나 봐. 어떡하지?'
당황스럽고 겁이 나서 눈물이 날 것 같아요.

꼭 학교에 갈 때뿐만 아니라
대형 마트나 놀이공원 등에서 길을 잃어버릴 수도 있어요.
길을 잃었을 때는 어떻게 행동해야 할까요?

❶ 제자리에 멈추어요.

만약 부모님과 함께 있다가 길을 잃었다면 제자리에서 부모님을 기다려야 해요. 부모님이 다시 돌아올 테니 기다리고 있으면 더 빨리 만날 수 있어요.

❷ 도움을 구해요.

오래 기다려도 부모님이 오지 않나요? 혼자 나갔다가 길을 잃었나요?
그러면 주변 사람에게 도움을 구해야 해요.
주변에 큰 가게나 식당, 경찰서, 우체국, 병원 등이 있다면 들어가서
어른들에게 도움을 구해요. 또는 주변에 어린이와 함께 있는
어른이 있다면 그 사람에게 도움을 구해도 좋아요.

❸ 집 주소와 가족의 전화번호를 기억해요.

당황하지 말고 침착하게 집 주소와 가족의 전화번호를 떠올려요.

도움을 주려는 사람에게 집 주소와 가족의 전화번호를 말해요.

평소에 집 주소와 전화번호를 외우기 위해서는 연습을 많이 해야 해요.

지금은 몇 시일까요?

"9시에 1교시 수업을 시작해요. 다들 수업 준비 하세요."
선생님께서 말씀하셨어요.
나는 시계를 봐도 몇 시인지 알 수 없었어요.
친구들은 시계를 보고 교과서를 꺼내며 자리에 앉아요.
시계를 보고 몇 시인지 어떻게 알까요?

시계를 보니 짧은바늘이 9에 있고, 긴바늘이 12를 향해
달려가고 있어요. 이제 곧 9시가 되고 1교시가 시작할 거예요.
친구들은 시계를 보고 1교시 교과서를 꺼내며 자리에 앉아요.

학교에는 수업 시간, 쉬는 시간, 점심시간, 수업이 끝나는 시간이
정해져 있어요. 그래서 시계를 보는 일이 아주 많지요.
시곗바늘을 보고 몇 시인지 알 수 있다면
학교에서 훨씬 편하게 지낼 수 있어요.

긴바늘과 짧은바늘

시곗바늘을 보면 긴바늘과 짧은바늘이 있어요.

시계 읽기

첫 번째 시계를 보세요. 짧은바늘은 어떤 숫자를 가리키고 있나요?
숫자 9를 가리키고 있죠? 그럼 긴바늘은 어떤 숫자를 가리키고 있나요?
그래요. 숫자 12를 가리키고 있어요.
짧은바늘이 9, 긴바늘이 12를 가리킬 때 '9시'라고 쓰고, '아홉 시'라고 읽어요.
이렇듯 긴바늘이 12를 가리킬 때, 짧은 바늘이 가리키는 숫자를 넣어
'네 시', '여섯 시' 등으로 읽으면 돼요.
이제 위에 있는 다른 시계도 스스로 읽어 볼까요?

룰루랄라!
즐거운 학교생활을 해요

학교에 어떤 선생님들이 계실까요?

학교 정문에서 선생님들이 서서
아이들을 반갑게 맞으며 인사를 해 주었어요.
"안녕! 좋은 아침이야."
"안녕하세요!"
얼떨결에 인사를 하고 들어가는데,
내 짝꿍 영채가 이야기해요.
"우리 학교 교장 선생님, 교감 선생님이시래."
"교장 선생님? 교감 선생님?"

학교에는 많은 선생님이 있어요. 어떤 선생님이 있는지 볼까요?

담임 선생님 1년 동안 우리 반을 맡은 선생님이에요. 수업뿐만 아니라 친구들과 잘 지내는 법, 바른 습관 기르는 법 등을 알려 주세요.

교장 선생님, 교감 선생님 학생들이 학교생활을 잘할 수 있도록 학교 전체를 책임지고 이끌어 가는 선생님이에요.

보건 선생님 학생들이 아플 때 치료해 주고 상담해 주는 선생님이에요. 학생들이 건강하게 생활하도록 보건 수업을 하기도 해요.

사서 선생님 학교 도서관에서 학생들에게 책을 빌려주고 반납을 도와주는 선생님이에요. 독서와 관련된 재미있는 수업을 하기도 해요.

영양 선생님 학생들이 건강하게 자라도록 균형 잡힌 급식을 계획하고 관리하는 선생님이에요. 올바른 식습관이나 영양소와 관련된 수업도 한답니다.

전담 선생님 체육 선생님이나 과학 선생님, 영어 선생님 등 특정 과목만 가르치는 선생님이에요. 전담 선생님은 학교마다 가르치는 과목이 다를 수 있어요.

이외에도 돌봄 선생님, 방과 후 선생님 등 많은 선생님이 있답니다.

선생님께 바르게 인사해요

첫 등교를 하는 날, 떨리는 마음으로 교실 문을 열었어요.
선생님께서 미소를 짓고 반갑게 맞아 주셨어요.
하지만 너무 긴장해서 바르게 인사하지 못했어요.
"많이 긴장했구나. 다음에는 바르게 인사해 보자."
선생님께서 말씀하셨어요.

매일 아침 선생님과 친구들을 만나면 무엇을 해야 할까요?
그래요. 반갑게 인사를 해야 해요. 특히 어른들에게는
바른 자세로 공손하게 인사해야 해요.

선생님에게 인사하는 방법

1. 걸음을 멈추고 반듯하게 서요.
2. 선생님을 바라보고 밝은 표정을 지어요.
3. 두 손을 배꼽에 대고 허리를 숙여 인사해요.
4. 알맞은 인사말을 해요.

상황에 맞는 여러 가지 인사말도 배워 볼까요?

- 학교에 왔을 때: 선생님, 안녕하세요.
- 급식실에서 밥을 먹을 때: 잘 먹겠습니다.
- 선생님께서 도움을 주셨을 때: 도와주셔서 감사합니다.
- 하교할 때: 선생님, 안녕히 계세요.
- 친구들과 만났을 때: 안녕! 만나서 반가워!

예의 바른 인사는 서로를 기분 좋게 해요.
내일부터 바르게 인사해 볼까요?

교실에서 지켜야 하는 약속이 있어요

행복한 교실을 만들려면 어떤 약속을 지켜야 할까요?
선생님께서 말씀하셨어요.
교실에서는 어떤 약속들을 지켜야 할까요?

교실에서는 반 친구들과 다 함께 공부를 해요.
그래서 수업을 방해하지 않도록 서로 노력해야 해요.
'나 혼자쯤은 괜찮겠지?' 하는 마음으로
떠들고 산만한 행동을 할 때도 있지요?
하지만 모든 사람이 똑같이 생각하면 교실은
어떤 모습일까요?
엉망진창이 된 교실에서 아무도 공부할 수 없을 거예요.
그러니 교실에서 지켜야 하는 약속을 배워 봐요.

지켜야 할 교실 약속

1. 등교 시간과 수업 시간을 지켜요.
2. 수업 시간에는 하고 싶은 말을 참아요. 꼭 필요한 질문이나 말만 해요.
3. 쉬는 시간에는 화장실을 다녀오고 다음 수업을 준비해요.
4. 교실과 복도에서는 뛰지 말고 걸어 다녀요.
5. 바르고 고운 말을 사용해요.
6. 친구와 사이좋게 지내요.
7. 선생님께 예의 바르게 행동해요.
8. 친구의 물건은 함부로 만지지 않아요.
9. 공동으로 사용하는 교실의 물건을 소중히 다루어요.
10. 줄을 설 때는 질서를 지켜요.

수업 시간에 화장실에 가고 싶어요

수업 시간에 갑자기 오줌이 마려워요.
'손을 들어 선생님께 말씀드릴까?
수업 중에 화장실에 간다고 하면 선생님께서 혼내실까?'
그렇지만 금방이라도 오줌이 나올 것 같은걸요.
수업 중에 오줌이 마려우면 어떻게 해야 할까요?

여러분도 수업 중에 화장실에 가고 싶은데
꾹 참은 경험이 있나요?
오줌이나 똥이 마려운 것은 자연스러운 일이에요.
부끄러운 일이 아니랍니다.
그러니 수업 중에 화장실이 가고 싶으면 이렇게 해요!

손을 들고 선생님께 말씀드려요.
"선생님, 화장실에 가고 싶어요."
대다수의 선생님들이 허락해 주실 거예요.
수업에 방해되지 않게 조용히 갔다가 교실로 돌아오면 돼요.
어렵지 않죠?

하지만 수업 중간에 많은 학생이 화장실에 간다면
수업에 방해될 수 있어요.
그래서 쉬는 시간에 미리 화장실에 다녀오는 것이 좋아요.
쉬는 시간에 화장실에 다녀오는 습관을 길러 보세요.

화장실 이용법도 알아봐요!

1. 오줌이나 똥을 눌 때는 변기에 묻지 않게 조심해요.
2. 휴지로 깨끗이 닦아요.
3. 물을 내리고 잘 내려갔는지 확인해요.
4. 비누로 깨끗이 손을 씻어요.

쉬는 시간에는 무엇을 할까요?

딩동댕동! 수업 시간을 알리는 종소리가 울렸어요.
"앗, 친구들과 노느라 화장실을 못 갔는데 어쩌지?
쉬는 시간이 왜 이렇게 짧은 거야?"

쉬는 시간에는 무엇을 해야 할까요?
수업과 수업 사이, 쉬는 시간 10분을
알차게 보내는 방법을 알려 줄게요.

❶ 수업이 끝나면 자리를 정리해요. 교과서를 사물함에 넣고, 다음 시간에 사용하지 않는 물건은 제자리에 정리해요.
❷ 다음 시간을 준비해요. 다음 시간에 배울 교과서를 미리 꺼내 놓아요. 필통 속 연필도 미리 깎아 놓아요. 이렇게 다음 시간을 준비해 놓으면 즐겁게 수업할 수 있어요.
❸ 화장실에 다녀와요. 수업 시간에 화장실을 가면 수업 내용을 놓칠 수 있어요. 급하지 않더라도 미리 다녀오는 습관을 길러요.
❹ 마실 물이 없다면 식수대에서 물을 받아 와요. 항상 물통을 가지고 다니는 습관을 지녀요.
❺ 시간이 남았다면 자리에 앉아 책을 읽거나 옆자리 친구와 간단히 이야기를 나눌 수 있어요. 뛰어다니거나 소리 지르지 않고 차분하게 시간을 보내면서 공부할 준비를 해야 해요.

내 자리를 깨끗이 정리해요

"이번 시간은 국어 시간입니다. 국어책 35쪽을 펴 볼까요?"
선생님의 말씀에 서랍 속에서 국어책을 찾기 시작했어요.
하지만 물건이 뒤죽박죽 섞여 있어서 국어책이 보이지 않았어요.
'사물함에 있나?'
사물함을 열었더니 와르르 교과서와 물건들이 쏟아져 내렸어요.

책상과 사물함을 어떻게 정리해야 할까요?

책상 위

책상 위에는 꼭 필요한 물건만 꺼내 놓아요. 수업 시간에는 책상 위에 교과서, 노트, 연필, 지우개만 있으면 돼요. 아! 목이 마를 수 있으니 물통도 준비해요.

책상 서랍 속

❶ 등교하면 시간표에 있는 교과서를 사물함에서 꺼내 서랍 왼쪽에 정리해요.
   시간표 순서대로 정리해 보세요.
❷ 책상 서랍 오른쪽에는 교과서가 아닌 다른 물건을 정리해요.
   공책이나 색연필, 크레파스 등을 정리해 두면 좋아요.
❸ 필통은 가운데에 넣어 두어요.

사물함 속

❶ 교과서는 꺼내기 쉽도록 왼쪽에 세워서 정리해요.
책이 계속 쓰러진다면 파일꽂이를 준비해서 정리해요.
❷ 휴지나 물티슈, 가위, 자, 줄넘기, 소고와 같은 학용품은
사물함 정리 바구니를 이용해서 오른쪽에 정리하면 좋아요.

기왕이면 깔끔하게 정리된 사물함이 좋겠지?

급식실에서도 약속을 지켜요

야호! 기다리던 점심시간이에요.
기분이 좋아서 친구들과 크게 이야기하고 장난을 쳤어요.
주변 친구들이 얼굴을 찌푸렸어요.
"급식실에서는 조용히 하고 밥을 먹어야 해요."
선생님께서 말씀하셨어요.
갑자기 모두에게 미안한 마음이 들었어요.
급식실에서는 어떤 약속을 지켜야 할까요?

급식실은 점심을 먹는 곳이에요.
급식실도 여러 사람이 함께 쓰는 곳이기 때문에
지켜야 할 약속이 있어요. 어떤 약속들인지 함께 살펴볼까요?

밥을 먹기 전

1. 한 줄로 서서 순서대로 음식을 받아야 해요.
2. 양손으로 식판을 잡아요.
3. 주변 사람들과 부딪히지 않도록 조심히 움직여요.

밥을 먹을 때

1. 큰 소리로 떠들지 않아요.
2. 음식을 골고루 먹어요.
3. 음식을 남기지 않기 위해 노력해요.

밥을 먹은 후

1. 남은 음식을 한곳에 모아요.
2. 음식 찌꺼기 통에 남은 음식을 조심히 붓고
   숟가락과 젓가락, 식판을 분리해서 반납해요.
3. 제자리에 앉아서 선생님과 친구들을 기다려요.

도서관에서 책을 빌려요

"여러분, 우리 학교에서 독서 마라톤 대회를 시작해요. 누구나 도전할 수 있어요."
선생님의 말씀을 들으니 독서 마라톤에 도전해 보고 싶었어요.
"도서관에 책 빌리러 갈래?"
짝꿍과 도서관에 가서 책을 빌리기로 했어요.
도서관은 어떻게 이용해야 하나요?

우선, 도서관에서 꼭 알아야 할 세 가지 단어가 있어요.

대출	**반납**	**연체**
도서관에서 책을 빌리는 것을 말해요.	책을 다 읽고 다시 도서관에 돌려주는 것을 말해요.	책을 정해진 시간보다 늦게 돌려주는 것을 말해요.

도서관을 이용할 때 지켜야 할 약속과 규칙을 알아볼까요?

도서관에서 책을 읽을 때

1. 책을 골라요. 내가 찾는 책이 보이지 않나요?
   사서 선생님께 여쭈거나 컴퓨터에서 책을 검색해서 찾아요.
2. 책을 찾았다면 자리에 앉아 책을 읽어요. 도서관에서는 조용히 말해요.

책을 대출할 때

1. 우선 읽고 싶은 책을 골라요.
2. 사서 선생님이 계신 대출대로 가서 줄을 서요.
3. 내 차례가 되면 대출대에 대출증과 책을 올려서 책을 빌려요.
4. 정해진 기간 안에 책을 읽어야 해요. 책을 접거나 책에 낙서하지 않아요.

책을 반납할 때

1. 반납할 책을 들고 대출대에 줄을 서요.
2. 차례가 되어 책을 대출대에 올리면 사서 선생님이 반납을 도와줄 거예요.
3. 만약 도서관 문이 닫혀 있다면 도서관 앞 반납함에 책을 넣어요.

몸이 아프면 보건실에 가요

점심시간, 운동장에서 친구들과 술래잡기를 했어요.
이번에는 내가 술래가 되었어요.
'어? 다영이잖아?'
다영이가 보여서 전속력으로 뛰기 시작했어요.
"아야!"
돌부리에 걸려 그만 넘어졌어요. 무릎에서 피가 났어요.
학교에서 아플 땐 어떻게 해야 하나요?

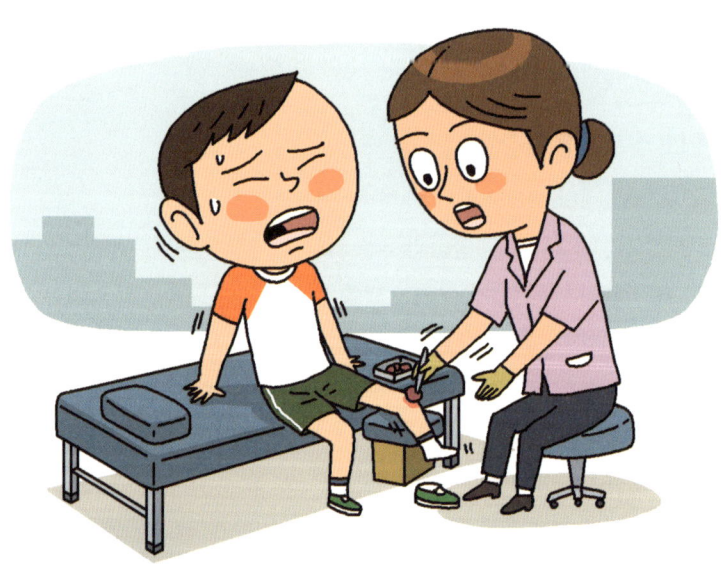

보건실은 학교에서 몸이 아프거나 다친 학생들이
치료받거나 쉴 수 있는 곳이에요.
처음 선생님과 학교를 둘러볼 때
선생님께서 보건실 위치를 알려 주실 거예요.
잘 기억해 두었다가 학교에서 갑자기 몸이 아플 때는
보건실을 찾아가요.

보건실 문을 노크해 볼까요?
"똑똑!"
"들어오세요."
보건 선생님께서 따뜻하게 반겨 주실 거예요.

지금부터 보건실을 이용하는 방법을 알려 줄게요.

❶ 보건 선생님께 학년, 반, 이름을 말하고, 어디가 아파서 왔는지 말해요.
이때, 보건실에는 아파서 누워 있는 다른 학생이 있을지 모르니
조용히 이야기해요.
❷ 보건 선생님께서 치료를 해 주실 거예요. 보건 선생님의 안내에 따라요.
❸ 휴식이 필요하다면 침대에 누워서 몸이 괜찮아질 때까지 쉬어요.
❹ 교실로 돌아갈 때는 감사 인사도 잊지 마세요.

안전하게 대피해요

저녁 시간에 집에서 뉴스를 봤어요.
"오늘 별빛초등학교 과학실에서 불이 났습니다. 다행히 학생들은 학교에서 배운 대로 안전하게 대피하여 큰 피해는 없었습니다."
뉴스를 보자 심장이 콩콩콩 뛰기 시작했어요.
'학교에서 불이 나거나 지진이 나면 어떻게 해야 할까요?'

불이 났을 때와 지진이 났을 때 안전하게 대피하는 방법을 알아봐요.

불이 났을 때

1. 제일 먼저 불이 난 것을 발견하면 "불이야!" 하고 큰 목소리로 외쳐 사람들에게 알려요.
2. 주변에 화재 경보 비상벨이 있다면 힘껏 눌러요.
3. 제일 가까이 있는 어른을 찾아 불이 난 상황을 알려요.
4. 수건이나 옷으로 코와 입을 막고 낮은 자세로 밖으로 신속히 이동해요.

학교에는 불이 번지는 것을 막기 위한 방화문이 있어요.
방화문을 열고 탈출할 때는 손잡이에 손등을 살짝 대어 뜨겁지 않은지 확인한 후 문을 열어야 해요.
불이 번지는 것을 막으려면 반드시 방화문을 닫고 이동해요.

지진이 났을 때

1. 진동이 계속된다면 책상 밑으로 들어가 책상다리를 잡고 몸을 보호해요. 책상이 없는 상황이라면 가방이나 방석 등으로 머리를 보호해요.
2. 흔들림이 멈추면 선생님의 지시를 따라서 질서를 지키며 밖으로 나가요. 이동할 때는 엘리베이터를 타서는 안 되며, 유리창이 있는 벽에서 멀리 떨어져야 해요.
3. 운동장에 도착했다면 선생님의 안내에 따라 행동해요.

반짝반짝!
수업 시간에 집중해요

수업 시간에는 무엇을 배울까요?

집 앞에서 옆집에 사는 형을 만났어요.
"형, 나 이제 초등학교에 간다!"
"초등학교에 가면 공부할 것도 훨씬 더 많아져. 긴장해야 할걸?"
형의 말을 듣고 나니,
초등학교에서 어떤 공부를 하게 될지 궁금해졌어요.

1학년이 되면 처음에는 학교생활에 대해 공부해요.
초등학교 생활을 처음 하는 1학년들이 학교에 잘 적응할 수
있어야 하니까요.

그다음 '국어', '국어 활동', '수학', '수학 익힘', '학교' 교과서로 공부를 시작해요.

국어 시간

국어 시간에는 생활에서 필요한 듣기, 말하기, 읽기, 쓰기 방법을 배워요.
친구의 발표를 듣고, 이야기를 읽고, 내 생각을 말하거나 써요.
국어 시간에는 '국어' 교과서와 '국어 활동' 교과서로 공부한답니다.

수학 시간

수학 시간에는 '수학' 교과서로 숫자에 대해 배우고,
숫자 세는 법, 숫자를 더하거나 빼는 법, 여러 가지 모양 등을 배워요.
그리고 '수학 익힘' 교과서로 문제를 풀며 배운 내용을 확인해요.

통합 시간

'학교' 교과서를 사용하는 수업 시간을 통합 시간이라고 해요.
통합 시간에는 학교, 사람들, 우리나라와 관련된 활동, 안전이나 계절과 관련된 활동을 해요. 만들기, 노래 부르기, 재미있는 놀이를 배우기도 해요.
'학교' 교과서가 끝나면 '사람들', '우리나라', '탐험' 교과서로 공부해요.

학교에서는 친구들과 사이좋게 지내는 법,
좋은 습관을 기르는 법도 배워요.
학년이 올라가면 교과서도 많아지고,
배우는 내용도 더욱 다양해진답니다.

자기소개를 잘할 수 있어요

"내일은 각자 자기소개를 할 거예요."
'자기소개? 무얼 이야기해야 할까?'
선생님의 말씀에 고민이 되기 시작했어요.
새로운 친구들 앞에서 처음 발표하는 시간이라 떨려요.
멋지게 자기소개를 하고 싶은데 무슨 말을 하면 좋을까요?

자기소개는 새로 만난 친구들에게 자신을 알리는 일이에요.
이름, 좋아하는 것, 특기, 취미, 친구들에게 하고 싶은 말을 하면
좋아요. 자신의 별명이나 더 하고 싶은 말을 덧붙여도 좋아요.
현서가 자기소개를 어떻게 하는지 볼까요?

"안녕? 내 이름은 현서야.
나는 색종이 접기를 좋아하고 집에서 강아지를 키우고 있어서
강아지도 좋아해. 잘하는 건 동요 부르기야.
유치원에서 내 별명은 동요의 요정이었어. 동요를 잘 부른다고 친구들이
지어 준 별명이야. 내 취미는 동화책 읽기, 강아지랑 산책하기야.
앞으로 친하게 지내자."

여러분도 현서처럼 자신이 좋아하는 것, 잘하는 것 등을 떠올려 보세요.
가족의 도움을 받아도 좋아요.
그다음 집에서 큰 목소리로 발표하는 연습을 해 보세요.
그러면 떨지 않고 자기소개를 잘할 수 있을 거예요.

바른 자세로 앉아서 공부해요

"바른 자세로 앉아 봅시다."
선생님이 자주 하는 말이에요.
그런데 가끔은 다리를 꼬고 앉거나 책상에 엎드려서
글씨를 쓰는 게 편할 때가 있어요.
꼭 바른 자세로 앉아야 할까요?

'자세'는 몸을 움직이는 모양이나 태도예요.
잘못된 자세로 앉아서 많은 시간을 보내면
우리 몸을 지탱해 주는 뼈인 척추가 휘어져서
허리나 어깨나 목이 아플 수 있어요.
그래서 오랜 시간을 의자에 앉아서 시간을 보내는
학생들에게 '바른 자세'는 특히 중요해요.

자신에게 맞는 의자 찾는 법

우선 의자 뒤편에 엉덩이를 붙이고 앉아 보아요.
이때 발바닥 전체가 바닥에 닿는다면 나에게 맞는 의자예요.
만약 발 앞부분만 닿거나 의자가 낮아 무릎이 높게 들린다면
선생님께 말씀드려요. 선생님께서 도와주실 거예요.

바른 자세로 앉는 방법

1. 의자 뒤편에 엉덩이를 붙이고 허리가 곧게 펴지도록 해요.
2. 허리와 등을 편안하게 등받이에 기대요.
3. 두 팔은 편안하게 책상 위에 얹어요.
4. 책을 보거나 글씨를 쓸 때 고개를 많이 숙이지 않도록 노력해야 해요.
5. 다리를 꼬거나 턱을 괴지 않아요.
6. 의자를 뒤로 젖히는 것은 정말 위험해요.

글씨를 바르게 써요

집에 와서 학교 알림장을 확인했는데,
글씨가 엉망이라 숙제가 무엇인지 알 수 없었어요.
"글씨를 대충 써서 알아볼 수가 없네.
다음에는 글씨를 바르게 써야겠어."

글씨를 또박또박 쓰려면 연필을 바르게 잡아야 해요.
연필 잡는 방법부터 알아볼까요?

 연필을 바르게 잡는 방법

1. 엄지손가락과 집게손가락으로 연필을 잡아요.
2. 가운뎃손가락으로 연필 아래를 받쳐요.
3. 연필을 너무 세우거나 눕히지 않아요.
4. 연필심에서 조금 떨어진 곳을 잡아요.

 글씨 쓸 때 바른 자세

1. 바른 자세로 앉아요.
2. 연필을 바르게 잡아요.
3. 종이가 움직이지 않도록 반대 손으로 종이를 잡아요.

글씨를 바르게 쓰는 방법

1. 글씨 크기를 일정하게 써야 해요.
2. 띄어쓰기를 지켜요. 단어 사이마다 한 칸을 띄어요.
3. ◁, △, ◇, □ 같은 글자 모양을 생각하며 글자를 써요.
4. 글자 모양에 따라 자음과 모음의 크기를 다르게 써요.
5. 글씨를 서두르지 않고 반듯하게 쓰는 연습을 해요.
6. 먼저 큰 글씨로 연습해요. 익숙해지면 작은 글씨로도 연습해요.

발표하는 것도 문제없어요

나는 발표 시간이 싫어요.
친구들 앞에서 이야기하는 게 부끄럽거든요.
"아영이가 발표해 볼까?"
선생님께서 내 이름을 부르셨어요.
심장이 쿵쾅쿵쾅 뛰기 시작해요.
발표를 잘하려면 어떻게 해야 할까요?

❶ 미리 발표할 내용을 생각해요.

내가 하고 싶은 말을 미리 생각해 보세요.
만약 '내가 좋아하는 동물'에 대해 발표한다면 먼저 내가 좋아하는
동물을 떠올려요. 그리고 그 이유도 떠올려요.
그런 뒤 이렇게 발표해요.
"저는 다람쥐를 좋아합니다.
제가 다람쥐를 좋아하는 이유는 작고 귀엽기 때문입니다."

❷ 제자리에서 바른 자세로 말해요.

발표할 때는 제자리에 바르게 서서 말해야 해요.
돌아다니거나 삐딱하게 서지 않아요.
바른 자세로 말하면 자신감 있어 보이고 듣는 사람도 집중할 수 있어요.

❸ **듣는 사람을 바라보며 말해요.**

고개를 들고 눈은 듣는 사람을 바라봐야 해요.
듣는 사람의 눈을 바라보고 말하면 친구들이 더 열심히 들어줄 거예요.

❹ **큰 목소리로 자신감 있게 발표해요.**

모두 들을 수 있도록 큰 목소리로 또박또박 말해요.
발표에서는 내 생각을 자신 있게 말하는 게 제일 중요하답니다.

처음부터 발표를 잘하는 사람은 없어요. 발표를 여러 번 하다 보면 어느새 실력이 늘어요. 그러니 자신감을 가지세요.

궁금한 것은 손을 들고 질문해요

"책에서 봄에 볼 수 있는 것들을 찾아볼까요?"
개구리, 벚꽃, 다람쥐, 꿀벌…….
'음? 이 꽃은 무슨 꽃이지?'
처음 보는 꽃이 있어요. 선생님께 여쭤 볼까요?
수업 시간에 궁금한 게 생겼을 때 어떻게 해야 할까요?

❶ 선생님께 손을 들고 질문해요.

궁금한 점이 생기면 손을 들고 선생님을 바라보세요.
그러면 선생님이 무슨 일인지, 왜 손을 들었는지 물어보실 거예요.
그때 궁금한 점을 질문하면 돼요. 예의를 갖춰 질문한다면
선생님께서 친절하게 알려 주실 거예요.
다른 학생이 질문을 하고 있다면
선생님의 설명이 끝날 때까지 기다린 후 질문을 해요.

❷ 수업이 끝난 후 선생님께 질문해요.

수업이 끝난 후 선생님께 찾아가서 질문해요.
궁금했던 내용에 대해서 더 자세하게 질문할 수 있어요.
선생님도 더 자세하고 친절하게 설명을 해 주실 거예요.

❸ 친구들에게 질문해요.

친구들이 내가 궁금해하는 내용을 잘 알고 있는 경우가 있어요.
그럴 때는 친구에게 물어보세요.

궁금한 걸 질문하면 모르는 것을 배울 수도 있고,
어려운 문제를 해결할 수도 있어요.
그러니 위에서 설명한 세 가지 방법을 사용해서 궁금증을 풀어 보세요.

학용품을 올바르게 사용해요

수업 시간에 봄에 피는 꽃을 그렸는데 마음에 들지 않아요.
그래서 꽃을 지우개로 슥슥 지웠어요.
지우개 가루는 책상 밖으로 쓱쓱 밀어냈지요.
"지우개 가루를 그냥 바닥에 버리면 어떡하니?"
옆에 앉은 친구가 얼굴을 찡그렸어요.
지우개를 사용하는 방법이 따로 있나요?

학교에서 자주 사용하는 학용품의 사용 방법을 알아봐요.

1. 지우개는 잃어버리기 쉬우니 꼭 이름을 써 놓아요.
2. 한 손으로 종이를 잡고 지우개를 앞뒤로 문질러요.
3. 지우개 가루는 손으로 쓸어모아 쓰레기통에 버려요.

1. 가위질이 익숙하지 않으면 어린이용 안전 가위를 사용해요.
2. 한 손으로 종이를 잡고 다른 한 손으로 가위질을 해요.
   가위 날이 위험하니 조심 또 조심해야 해요!
3. 버려야 하는 종이는 함께 모아서 버려요.

1. 먼저 뚜껑을 연 뒤, 밑부분을 돌려 풀을 꺼내요.
2. 풀칠할 부분에 살살 문지르며 풀칠해요.
3. 다 썼다면 밑부분을 반대로 돌려 풀을 넣고 뚜껑을 닫아요.

1. 색연필을 골라 꺼낸 뒤 밑부분을 돌려 색연필 심을 꺼내요. 심을 너무 길게 꺼내지 않아야 해요.
2. 연필 잡듯이 잡고 색칠한 다음 밑부분을 반대로 돌려 색연필 심을 집어넣어요.
3. 다시 제자리에 꽂아요.

1. 사용하고 싶은 색을 꺼낸 뒤, 뚜껑을 빼서 펜 뒤에 꽂아요.
2. 색칠이 끝나면 꼭 뚜껑을 닫아 제자리에 꽂아요.

※주의! 사인펜은 손이나 옷에 묻으면 쉽게 지워지지 않으니 조심하세요.

하하호호! 친구들과 사이좋게 지내요

친구에게는 어떻게 부탁할까요?

"색연필 가져왔어?"
친구가 미술 준비물을 꺼내며 물었어요.
"아니, 색연필을 집에 두고 왔나 봐. 어떡하지?"
친구에게 준비물을 빌려야 해요. 어떻게 부탁해야 할까요?

여러분도 비슷한 경험이 있나요?
친구의 도움이 필요할 때 부탁하는 방법을 알아보아요.

> **부탁하는 방법**
> - 나의 상황과 내가 바라는 것을 생각해요.
> - 친구에게 나의 상황을 설명해요.
> - 친구에게 바라는 것을 말해요.

색연필을 빌리고 싶을 때는 이렇게 부탁해요.
"색연필을 깜빡 잊고 안 가져왔어.
괜찮다면 네 색연필을 같이 써도 될까?"
상황을 잘 설명하면서 예의 바르게 부탁해야 해요.

스스로 연습하기

다음의 상황에서는 어떻게 부탁해야 할까요?
❶ 놀이에 함께 끼어 놀고 싶을 때
❷ 선생님께 물통 뚜껑을 열어 달라고 부탁드릴 때

무리한 부탁을 거절하고 싶을 때

어린이날 선물로 부모님께서 캐릭터 카드를 사 주셨어요.
친구들에게 카드를 자랑했더니 모두 부러워해요.
"우아, 좋겠다. 이 카드 하루만 빌려줄래?"
친구가 부탁했어요. 하지만 카드를 빌려주고 싶지 않아요.
어떻게 거절해야 할까요?

친구의 부탁을 들어주기 싫었던 적이 있나요?
아무리 친구라고 해도 부탁을 들어주기 어려울 때가 있지요.
"싫어. 안 돼!"라고 말하기보다 이렇게 말해 보는 건 어떨까요?

 잘 거절하는 방법

❶ 부탁에 대한 내 생각과 느낌을 솔직히 말해야 해요.
　"네가 내 카드를 잃어버릴까 봐 걱정돼."
❷ 내가 원하는 것을 솔직하고 분명하게 표현해요.
　"미안하지만 나도 가지고 놀아야 해서
　지금은 카드를 빌려줄 수 없어."

이제 스스로 연습해 보세요. 이럴 땐 어떻게 말해야 할까요?
❶ 집에 가야 할 시간인데 친구가 더 놀자고 할 때
❷ 친구가 돈을 빌려주라고 할 때

이럴 땐 단호하게 거절해요!

모르는 사람이 따라가자고 할 때, 내가 싫어하는 것을 계속 요구할 때, 나쁜 말로 협박하거나 때리며 강요할 때, 누군가 내 몸을 만질 때에는 단호하게 싫다고 말해야 해요. 이런 것은 부탁이 아니에요.
단호하게 싫다고 외치고 그 자리에서 벗어난 뒤 부모님께 상황을 알리세요.

미안한 마음을 전해요

쉬는 시간, 친구들과 팔씨름을 했어요.
"야호! 내가 이겼다."
신이 나서 팔짝팔짝 뛰다가 그만 옆자리에서 책을 읽고 있던
소율이에게 넘어지고 말았어요.
"아얏!"
우당탕 소리와 함께 책상이 밀리고 어깨까지 부딪치자
소율이가 버럭 화를 냈어요.
"아, 미안! 소율아, 팔씨름을 이겨서 흥분했나 봐.
일부러 그런 건 아니야. 다음부터는 조심할게."

여러분은 친구에게 사과를 잘하는 어린이인가요?
그렇다면 여러분은 용감한 어린이예요.
자기의 잘못을 인정하고 사과하는 데에는
큰 용기가 필요하거든요.
사과하는 방법을 배우고 연습한다면
누구든 용감한 어린이가 될 수 있어요.

사과할 때는 이렇게!

① 인정해요 : 내가 잘못한 행동을 인정해요.

② 사과해요 : "미안해.", "내가 사과할게."라는 말을 넣어 사과해요.

③ 약속해요 : 앞으로 잘못된 행동을 하지 않겠다고 약속해요.

친구에게 양보할 수 있어요

신나는 색종이 접기 시간이에요.
'어떤 색깔의 색종이를 고를까?'
나와 윤지가 동시에 빨간색 색종이를 집었어요.
순간 고민이 되었어요.
'내가 먼저 집었는데 양보해야 할까? 어떡하지?'

'양보'는 나 대신 다른 사람이 무언가를 할 수 있도록 배려해 주는 마음이에요. 버스에서 할머니, 할아버지에게 자리를 양보하거나 친구에게 장난감을 먼저 쓸 수 있게 해 주는 행동이에요.
이런 예쁜 마음에서 나온 행동을 '양보'라고 해요.

왜 양보를 해야 할까요?

1. 양보하면 서로의 기분이 좋아요. 양보를 받는 사람은 고마움을 느껴요. 양보하는 사람은 기쁘고 뿌듯한 마음을 느껴요.
2. 양보하면 싸움이 줄어요. 만약 친구들끼리 그네를 서로 먼저 타겠다고 하면 어떻게 될까요? 그래요, 싸움이 나요.
하지만 서로 양보해서 순서대로 탄다면 친구와 싸우지 않겠지요.
양보는 친구와 사이좋게 지내는 비결이랍니다.

단, 다른 사람에게 양보를 강요하면 안 돼요.
양보를 강요하면 기쁜 마음은커녕 불쾌한 마음만 생겨요.
마지막으로, 양보를 받았다면 꼭 고맙다고 말해요.

괴롭히는 친구가 있을 때

"야! 땅꼬마, 넌 도대체 언제 키 크냐? 하하하!"
오늘도 동하는 나를 기분 나쁜 별명으로 불렀어요.
'왜 자꾸 나를 기분 나쁜 별명으로 부르는 걸까?
장난인 것 같은데 기분 나쁘다고 말해도 될까?'

친구가 기분 나쁜 별명으로 나를 부르나요?
기분 나쁜 장난을 하나요?
내 물건을 빼앗아 가서 돌려주지 않나요?
다른 친구들과 놀지 못하도록 따돌리나요?
누군가를 일부러 괴롭히는 행동은 학교 폭력이 될 수 있어요.
괴롭히는 친구가 있다면 이렇게 해 보세요.

내 마음을 말로 표현해요.

나를 괴롭히는 친구에게 단호하고 분명하게 이야기해야 해요.
왜 기분이 나쁜지, 친구가 어떻게 행동하길 바라는지 이야기해요.
"난 네가 그런 장난을 자꾸 해서 기분이 나빠. 그만해."
"별명으로 부르지 마. 기분 나빠."
"넌 장난으로 한 행동이지만 난 상처받아. 하지 말아 줘."

주변의 어른들에게 도움을 요청해요.

친구가 사과하지 않거나, 내 마음의 상처가 풀리지 않거나,
계속해서 비슷한 일이 일어나면 어른들의 도움을 받아야 해요.
바로 그 자리에서 벗어나 선생님, 부모님, 상담실 선생님 등
도움을 받을 수 있는 어른에게 상황을 자세하게 알려요.
그래도 문제 해결이 되지 않으면 학교 폭력 상담을 받을 수 있는
117에 전화하거나 학교 전담 경찰 SPO에게 알려야 해요.

친구들과 안전하게 놀아요

"칙칙폭폭! 칙칙폭폭!"
친구들과 교실에서 기차놀이를 해요.
맨앞에 있던 민서가 신나게 달리다 그만 넘어지고 말았어요.
우당탕탕, 뒤에 오던 친구들도 우르르 넘어졌어요.
친구들과 안전하게 놀려면 어떻게 해야 할까요?

민서처럼 친구와 놀다가 다치거나 다칠 뻔한 경험이 있나요?
만약 누군가 다친다면 더는 놀이가 즐겁지 않을 거예요.
재미만큼 안전도 중요하다는 걸 잊지 말아야 해요.
안전한 놀이 방법을 알아볼까요?

학교 안에서

1. 교실과 복도에서 뛰지 않아요. 넘어지거나 서로 부딪칠 수 있어요.
2. 친구의 몸을 함부로 만지거나 때리지 않아요. 장난이라도 다칠 수 있어요.
3. 창문에 몸을 기대거나 높은 곳에 올라가지 않아요. 떨어지면 크게 다쳐요.
4. 문 근처에서 놀지 않아요. 문에 손이 끼이거나 서로 부딪칠 수 있어요.
5. 내가 사용한 장난감을 잘 정리해요. 장난감을 밟으면 다치거나 넘어질 수 있어요.

놀이터에서

1. 미끄럼틀을 탈 때는 계단으로 올라가요. 미끄럼틀에 앉아서 내려와요.
2. 그네를 탈 때는 앉아서 타요.
3. 그네를 다른 친구가 타고 있다면 옆에 서서 차례를 기다려요.
4. 시소를 탈 때는 손잡이를 잘 잡아요. 타거나 내릴 때 조심해요.
5. 친구에게 모래를 뿌리지 않아요.

나와 다르지만 존중할 줄 알아요

어느 날 친구들이 선생님께 물었어요.
"선생님, 우리 반 빅토리아는 왜 한국말을 못 해요?"
"맞아요. 얼굴도 우리랑 조금 틀리게 생겼어요."
선생님께서는 웃으며 말씀하셨어요.
"그건 틀린 게 아니라 다른 거야. 우린 서로 조금씩 다 달라.
다르다고 따돌리지 말고 서로 따뜻하게 보듬어 주고 배려해 주자."

우리는 모두 달라요

가족이나 친구들을 떠올려 볼까요? 나와 어떤 부분이
다른가요? 얼굴 생김새와 키가 달라요.
좋아하는 것과 싫어하는 것이 달라요. 그리고
생각도 다르지요. 나와 가까운 사람들도
나와 다른 점이 많지요? 이처럼 세상에는
서로 다른 사람들이 함께 살고 있어요.
그건 '틀린 것'이 아니라
'다른 것'뿐이에요.

서로의 다름을 존중해요

우리는 서로의 모습을 존중해야 해요.
'존중'은 다른 사람을 함부로 대하지 않고
중요하게 대한다는 뜻이에요. 서로 다른 점을
존중하면 친구와 사이좋게 지낼 수 있답니다.
혹시 친구에게서 나와 다른 점을 발견했나요?
그럴 때는 이렇게 생각해 보세요.
"그래, 나와 다를 수 있지!"

뚝딱뚝딱! 집에 와서도 혼자 잘해요

집에 도착하면 무엇을 할까요?

학교 마치고 태권도 학원까지 갔다가 집에 왔어요.
'빨리 텔레비전도 보고 싶고, 간식도 먹고 싶어.
이제 마음껏 놓아도 되겠지?'

초등학생이 되었으니 집에 도착해서 할 일이 있어요.
쉬운 일들이니 먼저 끝내고 놀아도 늦지 않아요.
집에 도착하면 해야 할 일을 알려 줄게요.

❶ 손발 씻기

밖에서 돌아오면 손에 많은 세균이 있어요. 집에 도착하면 화장실로 들어가 손과 발을 씻어요. 이때 양말은 정해진 곳에 뒤집지 않고 벗어 놓아요.

❷ 책가방 정리하기

책가방을 바로 정리해요. 알림장, 가정통신문, 숙제, 물통 등 확인이 필요한 물건은 전부 꺼내 책상 위에 올려두어요.

❸ 숙제하기

알림장을 확인하며 숙제를 해요. 집에 도착한 후 바로 숙제하면 남은 시간을 여유롭게 보낼 수 있어요.

❹ 준비물 챙기기

스스로 챙길 수 있는 준비물을 먼저 챙겨요.

스스로 챙길 수 없는 것은 엄마나 아빠에게 말씀드려요.

일기는 어떻게 쓸까요?

자기 전에 일기장을 펼쳤어요.
'오늘 하루를 어떻게 보냈더라? 매일 똑같은 날인데 도대체 일기장에는 뭘 써야 하는 걸까?'

지금부터 일기 쓰는 방법을 알려 줄게요.
또박또박 예쁜 글씨로 일기를 써 볼까요?

❶ 날짜, 요일, 날씨 쓰기

일기에는 날짜, 요일, 날씨를 써요.
그래야 나중에 시간이 흐른 후 다시 일기장을 보았을 때 언제 쓴 일기인지 알 수 있어요.

❷ 제목 쓰기

제목은 내용을 모두 쓴 후 정해도 괜찮아요.
오늘 하루 중 가장 기억에 남은 일을 제목으로 정해 보세요.
내 감정이나 마음이 잘 드러나도록 정하면 더 좋아요.

예) 소풍 다녀온 날 → 신나고 즐거웠던 대공원 소풍

❸ 내용 쓰기

일기에는 온종일 있었던 일을 모두 쓰면 안 돼요.
하루 중 기억에 남는 일 한두 가지를 떠올려 보아요.
특히 재미있었거나 기뻤거나 슬펐거나 답답했던 일도 좋아요.
겪은 일을 자세하고 솔직하게 써요.
그리고 생각이나 느낌, 감정을 솔직하게 표현하면 돼요.

일기에 표현할 수 있는 감정 단어

행복하다, 신나다, 설레다, 흐뭇하다, 훌륭하다,
가슴이 벅차다, 보람차다, 슬프다, 마음이 아프다,
서운하다, 아쉽다, 화나다, 속상하다, 밉다, 불안하다,
긴장되다, 무섭다, 떨리다

내 방 청소를 스스로 해요

주말 동안 엄마가 여행을 가서 집을 비웠어요. 엄마랑 떨어져서 싫지만 딱 하나 좋은 점이 있어요. 방을 치우라고 잔소리하는 사람이 없거든요. 주말이 지나자 내 방은 엉망진창이 되었어요.
'엄마가 잔소리할 때 마음을 알겠어. 방을 깨끗이 정리해서 엄마에게 보여 드려야지.'
지저분한 방을 변신시키는 방법이 있을까요?

내가 사용한 물건은 내가 정리해야 해요.
그리고 내가 사용하는 방도 스스로 정리해야 해요.
방을 정리하는 방법을 배우고 오늘부터 실천해 보세요.

- 바닥에 있는 물건들을 주워서 정리해요.
- 사용한 물건을 제자리에 두어요.
- 책상 위를 깨끗하게 정리해요.
- 바구니나 서랍에 비슷한 물건끼리 모아요.
  학용품은 학용품끼리, 장난감은 장난감끼리 모아요.
- 잘 쓰지 않는 물건이 있다면 부모님과 의논하여 처분해요.
- 쓰레기를 휴지통에 버려요.
- 마지막으로 모든 물건이 제자리에 있는지 살펴요.

일찍 잠자리에 들어요

"이제 잘 시간이야. 내일도 학교에 가려면 일찍 자야겠지?"
엄마가 말했어요.
"네. 양치하고 잠옷 갈아입을게요."
이제는 엄마가 일일이 시키지 않아도 척척 알아서 할 줄 알아요.

여러분은 자기 전에 무엇을 하나요?
늦게까지 텔레비전을 보거나 스마트폰을 하는 친구도 있고,
책을 좋아하는 친구는 조금이라도 더 읽고 싶어서
부모님에게 사정을 할지도 모르지요. 일찍 잠옷을 갈아입고
양치를 하고 잠잘 준비를 하는 친구도 있겠고요.
이 중에서도 자기 전에 반드시 해야 하는 일들이 있어요.
무엇을 해야 하는지 함께 살펴볼까요?

❶ 몸을 씻고 양치를 해요.
❷ 잠옷으로 갈아입어요.
❸ 정해진 시간까지만 스마트폰을 사용해요.
❹ 책가방을 미리 싸 두어요.
❺ 잘 시간이 되면 침대에 누워요.

잠깐! 잠이 오지 않는다면?

이렇게 해 보세요

① 간단한 스트레칭을 해요. 스트레칭은 몸의 긴장을 풀어 줘요.
② 책을 읽어요. 책을 읽다 보면 잠이 솔솔 올 거예요.
③ 내가 좋아하는 인형이나 베개를 안고 자요.
　 마음이 편안해져서 잠이 금방 올 거예요.

으쓱으쓱!
더 멋진 사람이 될래요

예의 바르게 행동해요

학교에 갈 때는 부모님께 "다녀오겠습니다."라고 말해요.
할머니께 전화를 드려서 식사를 했는지 물을 때는
"진지 드셨어요?"라고 높임말로 물어요.
교실이나 버스에서는 시끄럽게 떠들거나 뛰어다니지 않아요.
이처럼 마땅히 지켜야 할 바른 말투나 마음가짐을 '예의'라고 해요.
예의 바른 어린이가 되는 방법을 살펴볼까요?

❶ 인사를 잘해요.

- 양손을 배꼽에 두고 허리를 숙여요.
- "안녕하세요!", "안녕히 계세요!"처럼 알맞은 인사말을 해요.

❷ 높임말을 써요.

높임말은 어른들과 이야기할 때 쓰는 공손한 말이에요.
몇 가지 표현을 익혀 볼까요?

미안해	→	죄송합니다	고마워	→	감사합니다
밥	→	진지	나이	→	연세
이름	→	성함	집	→	댁
생일	→	생신	말	→	말씀
보다	→	뵙다	묻다	→	여쭙다

❸ 공공장소에서 예의를 지켜요.

다른 사람과 함께 쓰는 공간을 공공장소라고 해요.
공공장소에는 교실, 식당, 버스, 도서관, 영화관 등이 있어요.
어떤 예절을 지켜야 할까요?

- 시끄럽게 떠들거나 큰 소리로 이야기하지 않아요.
- 다른 사람들에게 피해를 주니까 뛰어다니지 않아요.
- 차례를 지켜요.

집안일을 도와요

집안일을 돕고 싶은데 부모님은 항상 이렇게 말해요.
"안 도와줘도 괜찮아. 가만히 있는 게 도와주는 거란다."
그렇지만 엄마, 아빠를 조금이라도 도와주고 싶은걸요.
내가 할 수 있는 집안일이 있을까요?

집안일이란 가족을 위해 집에서 해야 하는 일이에요.
집안일에는 빨래, 설거지, 청소, 요리 등이 있어요.
사실 집안일은 누구 한 사람이 하기엔 너무 많고 힘들어요.
그래서 가족 모두가 함께 해야 한답니다.
그럼 우리가 할 수 있는 집안일을 살펴볼까요?

- 수건과 양말 개기
- 밥그릇과 수저를 준비하고 정리하기
- 쓰레기통에 쓰레기 버리기
- 쓰레기를 종류별로 나누어 분리배출하기
- 반려 동물을 보살피기
- 신발 정리하기
- 내 방을 깨끗하게 정리하기
- 화분에 물 주기
- 작은 빗자루나 청소기로 바닥 청소하기

여러분이 충분히 할 수 있는 것들이지요?
집안일을 스스로 도울 줄 아는 부지런한 어린이가 되길 바랄게요!

혼자 간식을 챙겨 먹어요

집에 혼자 있는데 배가 고팠어요.
식탁 위에 할머니가 써 놓은 쪽지가 있었어요.

> 배고프면 샌드위치나 주먹밥을 만들어 먹으렴.
> 재료는 냉장고에 있단다.

이제 초등학교 1학년인데 과연 혼자서 요리를 할 수 있을까요?

샌드위치나 주먹밥은 가스렌지를 사용하지 않고도 간단히 만들어 먹을 수 있어요. 음료수도 꺼내어 먹을 수 있고요.
어른들을 기다릴 수도 있지만 간단한 간식은 혼자 챙겨 먹을 수 있어요.
단, 요리하기 전에는 반드시 손을 깨끗하게 씻어야 해요!

주먹밥 만들기

1. 밥 한 공기를 큰 그릇에 담아요.
2. 밥에 김가루와 채소 플레이크를 섞어요.
3. 주먹밥을 동그랗게 알맞은 크기로 만들어요.
4. 냠냠 맛있게 먹어요.

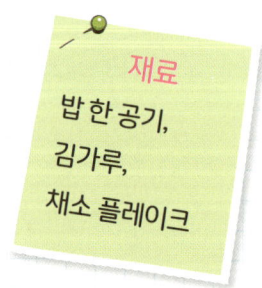

재료
밥 한 공기,
김가루,
채소 플레이크

햄치즈샌드위치

1. 식빵 2장을 토스트기에 넣어 따뜻하게 구워요.
2. 식빵 한쪽에 딸기잼을 발라요.
3. 식빵 1장을 아래쪽에 깔아요.
4. 식빵 위에 슬라이스 햄, 슬라이스 치즈를 올려요.
5. 나머지 식빵 1장을 그 위에 올려요.
6. 냠냠 맛있게 먹어요.

재료
식빵 2장,
슬라이스 햄 1장,
슬라이스 치즈 1장,
딸기잼

화장실 휴지를 갈아 끼워요

"다녀왔습니다."
씩씩하게 인사를 했지만, 집 안이 조용했어요.
식탁 위를 보니 엄마의 쪽지가 있었어요.

> 장 보러 잠시 다녀올게. 과일 먹고 숙제하고 있으렴.

식탁 위에 있는 복숭아를 먹은 뒤 숙제하려고 책가방을 열었는데
갑자기 배가 아프기 시작했어요.
후다닥 화장실에 들어가니 다 쓴 휴지 심만 남아 있었어요.
"새 휴지는 어디에 있을까?"

집에는 휴지, 샴푸, 건전지, 비누 등 다 사용하고 나면
새로 바꾸어야 하는 물건이 있어요.
우선 이런 물건들을 항상 어디에 보관하는지
미리 알아둘 필요가 있어요.
휴지와 샴푸를 새것으로 바꾸는 방법을 알아볼까요?

휴지를 갈아 끼울 때

1. 다 쓴 휴지 심을 꺼낸 후 종이류에 분리배출해요.
2. 새 휴지를 꺼내요.
3. 휴지 걸이에 새 휴지를 걸어요.
   이때 휴지가 풀리는 방향이 앞으로 오도록 해요.

샴푸를 다 썼을 때

1. 다 쓴 샴푸 통을 깨끗이 헹군 후, 샴푸 통에 쓰인 대로 분리배출해요.
2. 새로운 샴푸를 꺼내요.
3. 새로운 샴푸의 펌프에는 마개가 끼워져 있거나 잠겨 있어요.
   마개가 끼워진 경우, 마개를 잡아당겨 뽑은 후 사용해야 해요.
   펌프가 잠겨 있는 경우, 펌프를 돌려 열어 준 후 사용해요.

고마운 마음을 표현해요

내일은 어버이날이에요.
색종이로 카네이션을 접고 부모님께 드릴 편지를 써요.
어떻게 편지를 써야 내 마음을 전할 수 있을까요?

축하할 때, 고마울 때, 미안할 때 편지를 써서 마음을 전해 보아요.
편지에는 편지를 받는 사람, 첫인사, 하고 싶은 말,
끝인사, 쓴 날짜, 쓴 사람을 적어요.

할아버지께 ← 편지를 받는 사람

안녕하세요. 저는 손녀 윤지예요. ← 첫인사
할아버지, 생신 축하드려요.
항상 저를 아껴 주시고
맛있는 간식도 사 주셔서 감사해요. ← 하고 싶은 말
항상 건강하세요. 사랑해요! ← 끝인사

2024년 ○월 ○일 ← 쓴 날짜
윤지 올림 ← 쓴 사람

편지를 잘 쓰려면?

❶ '쓴 사람'은 이렇게 적어요.

- 받는 사람이 윗사람일 때
  'OOO 올림' 또는 'OOO 드림'이라고 적어요.
- 받는 사람이 또래나 아랫사람일 때
  'OOO 씀' 또는 'OOO가'라고 적어요.

❷ 기억에 남는 일을 함께 적어요.

편지를 받는 사람과 있었던 일을 적어 보세요. '감사합니다.' 대신 '주말마다 맛있는 음식을 해 주셔서 감사합니다.'라고요. 그러면 편지에 내 마음을 더 잘 드러낼 있어요.

운동을 해서 건강해질 거예요

토요일 아침, 눈이 번쩍 떠졌어요.
"아빠, 심심한데 놀이터에 다녀와도 돼요?"
"그래."
후다닥 준비하고 놀이터로 달려 나갔어요.
하지만 놀이터는 텅 비어 있었어요.
"아이, 심심해. 나 혼자서 할 수 있는 운동이 있을까?"

이럴 때는 줄넘기를 추천해요.
줄넘기는 체력을 기를 수 있는 운동이고,
학교에서도 체육 시간에 하는 운동이에요.

줄넘기하는 법

❶ 편안한 옷을 입어요. 줄에 걸렸을 때 다리를 보호하기 위해서는 긴바지를 입어요.
❷ 발에 딱 맞는 운동화를 신어요. 슬리퍼를 신거나 맨발로 줄넘기하면 발가락을 다칠 수 있어요.
❸ 줄 길이를 맞춰요. 줄넘기의 손잡이를 잡고 한 발로 줄 가운데를 밟았을 때 손잡이가 배와 가슴 중간 정도의 높이에 와야 해요.

④ 정면을 바라보고 팔꿈치는 몸쪽에 붙인 채 줄을 돌려요.
⑤ 줄이 하늘 위로 올라갈 때 높이 뛰어 줄을 넘는 연습을 해요.
⑥ 익숙해지면 높이 뛰지 않고 낮게 뛰어 줄을 넘는 연습을 해 보세요.
30번, 50번, 100번, 수를 세면서 줄을 넘어 보세요.
⑦ 줄넘기를 잘하게 된다면 뒤로 줄넘기, 한 발로 줄넘기, 앞으로 달리며 줄넘기, 한 번에 두 번 줄넘기도 도전해 보세요.

깨끗한 지구를 위해 노력해요

"아빠, 지구를 지키기 위해서 집에서 할 수 있는 일은
무엇이 있을까요?"
"양치할 때 물 받아 쓰기, 샤워 시간 줄이기,
사용하지 않는 콘센트 뽑기, 또 뭐가 있을까?
아! 분리배출을 잘하는 것도 중요하지."

초등학생이 되었으니까 내 몸도 건강하게,
지구도 건강하게 지키기 위해 노력해야 해요.
그중 분리배출은 생활 속에서 꼭 실천해야 해요.
캔, 플라스틱, 종이, 스티로폼, 비닐 등등 쓰레기를 종류별로 분리해요.
분리배출은 나를 위한 일이기도 해요. 왜냐하면 분리배출로
자원을 재활용하면 환경 보호에 도움이 되기 때문이에요.
내가 오랫동안 살아가야 할 지구와 환경을 보호하는 일은
무엇보다 중요해요.
분리배출의 세 가지 규칙은 '비운다', '헹군다', '분리한다'예요.
어떻게 하는지 구체적으로 살펴볼까요?

재활용 쓰레기 종류별 배출 방법

① **플라스틱**: 플라스틱에 붙은 스티커는 모두 떼어 낸 뒤, 깨끗이 비우고 헹궈 배출해요. 이때, 페트병이나 투명 플라스틱은 따로 배출해요.

② **비닐**: 재활용 표시가 있는 비닐류는 큰 봉투에 따로 모아서 바람에 날아가지 않게 배출해요. 이물질이 잔뜩 묻어 지워지지 않는다면 일반 쓰레기로 버려요.

③ **캔**: 캔에도 라벨이 있어요. 라벨을 떼고, 헹군 후 찌그러트려 분리배출해요.

④ **유리**: 깨끗하게 헹궈 분리배출해요. 깨진 유리는 신문지로 두껍게 감싸 일반 쓰레기에 버려요. 거울이나 도자기, 화분은 유리가 아니에요.

⑤ **종이**: 택배 상자에 붙은 테이프와 스티커는 모두 떼어 낸 후 분리배출해요. 종이 영수증이나 손바닥보다 작은 종이, 전단지, 무언가 묻은 종이는 일반 쓰레기에 버려요.

나의 즐거운 학교생활

어떤 신나는 일들이 있을지 마음껏 써 보세요.